También los insectos son perfectos

Insects are perfect too

11

reloj de versos

D. R. © CIDCLI, S. C.

 Av. México 145-601, Col. del Carmen
Coyoacán, C. P. 04100, México, D. F.

D. R. © Alberto Blanco, 1993

Primera edición bilingüe, octubre 1999
ISBN 968–494–090–4

Reproducción fotográfica: Rafael Miranda

Impreso en México / Printed in Mexico

Alberto Blanco

También los Insectos son Perfectos
Insects are Perfect Too

Illustrations: Diana Radavičiūté

El grillo

La noche tiene su brillo,
su música y su silencio...
pues cada estrella es un grillo
entre la hierba del cielo.

The cricket

The night has its own music,
It's own silence, it's own light...
Because each star is a cricket
In the grasses of the sky.

La luciérnaga

En el campo el corazón
y la luna son hermanos;
y las luciérnagas son
estrellitas en las manos.

The firefly

In the countryside the moon
Is the sister of the heart;
And the fireflies are only
Like little stars in our hands.

La hormiga

En esta tierra el viajero
no ha de sentarse un minuto
porque un volcán diminuto
¡puede ser un hormiguero!

The ant

The traveler in this land
Must not expect to stand still
Because a tiny volcano
Might be a swarming anthill!

La polilla

Limpias la mesa y las sillas
las camas y los sillones;
mas si limpias los cajones
¿qué comerán las polillas?

The moth

Clean up the chair and the table,
Clean up the bed and the seats;
But if you clean up the drawers
What will a hungry moth eat?

El chapulín

El dueño del campo al fin
no es el hombre ni el arado,
ni el dinero ni el estado,
sino el pobre chapulín.

The grasshopper

Not the man and not the plow
May be called the country owner;
Not the money and not the State,
But only the poor grasshopper.

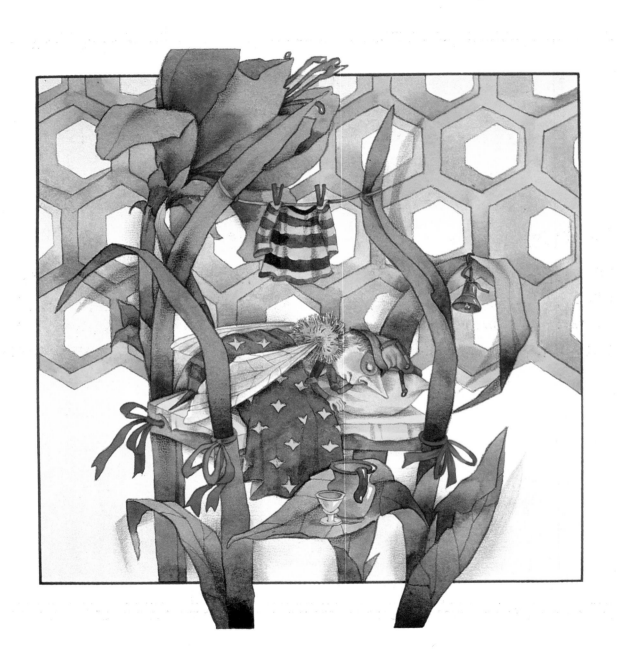

La abeja

Cuando te vas a acostar
una abeja puedes ser:
tu cama es como un panal
y tus sueños son la miel.

The bee

When it's time for you to sleep
You can be just like a bee
And your bed just like a beehive
And just like honey your dreams.

La catarina

La catarina de lejos
me recuerda ciertos rostros
con los lunares muy negros
y con los labios muy rojos.

The ladybug

The ladybug makes me think
Of some faces from afar
With very red painted lips
And very black beauty marks.

La cigarra

Guardan silencio los sapos,
guardan silencio las ranas,
guarda silencio el verano
cuando canta la cigarra.

The locust

The frogs are keeping silence
And keeping silence the toads,
The summer is keeping silence
To listen to the locust song.

La libélula

Si a la libélula quitas
las alas, queda una rama;
y una rama con alitas
¡ya libélula se llama!

The dragonfly

If you want to take the wings
Off a dragonfly, it will die;
But a dead stick with some wings
Is already a dragonfly!

El escarabajo

Cuesta arriba y cuesta abajo
trabajar cuesta trabajo...
boca arriba y bocabajo
trabaja el escarabajo.

The beetle

Going up and going down
The work is always a drag...
Downside up and upside down
The beetle goes working hard.

También los insectos son perfectos / Insects are perfect too
se terminó de imprimir en el mes de octubre de 1999,
en los talleres de Xpert Press S. A. de C. V.,
Oaxaca 1 esquina con Periférico Sur, colonia San Jerónimo
El tiraje fue de 1, 000 ejemplares y el cuidado de la edición
estuvo a cargo de Rocío Miranda